AF238184

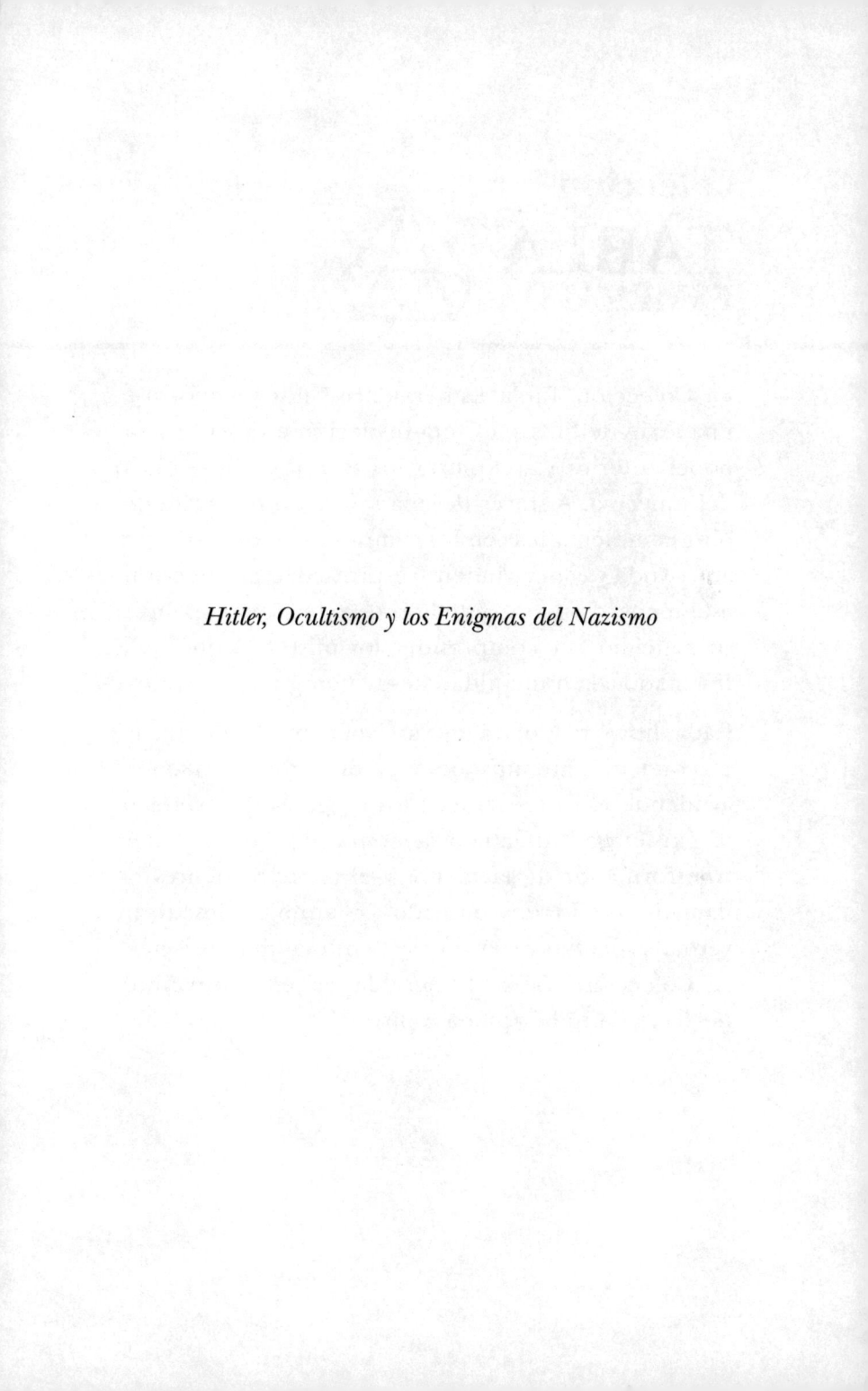

Hitler, Ocultismo y los Enigmas del Nazismo

colección
TABLA
ESMERALDA

La Colección Tabla Esmeralda es mucho más que
una serie de libros: es una invitación a descubrir tu
poder interior y a explorar los secretos más ocultos
del universo. A través de una selección exquisita de
obras emblemáticas en los campos del esoterismo, la
autoayuda y el pensamiento espiritual, esta colección
está pensada para aquellos que buscan expandir
su conciencia y comprender los misterios que han
fascinado a la humanidad desde tiempos ancestrales.

Cada libro te guiará en un viaje profundo hacia
el conocimiento místico y el desarrollo personal,
ayudándote a desentrañar los enigmas que rodean
la existencia humana y a conectar con el poder
transformador de la mente y el alma. Si sientes el
llamado de lo desconocido, si anhelas descubrir
verdades ocultas y elevar tu ser a nuevas dimensiones,
la Colección Tabla Esmeralda es el compañero
perfecto en tu búsqueda espiritual.

ROBERT STRUWAI

HITLER,
OCULTISMO
Y LOS ENIGMAS DEL NAZISMO

ALCARAZ
EDICIONES

© Alcaraz Ediciones, 2025
© Robert Struwai, 2025

Mare Nostrum, 44
46420 – El Perelló
Sueca, Valencia
Teléf.: (+34) 910 46 54 33
e-mail: info@alcarazediciones.es
https://alcarazediciones.es

I.S.B.N.: 979-13-87586-30-0
Depósito Legal: V-1360-2025

Diseño y maquetación: Iván García Molinero
Printed in Spain / Impreso en España

ÍNDICE

PRÓLOGO

Introducción al ocultismo nazi: mitos y realidades

La relación entre el régimen nazi y el ocultismo ha sido objeto de innumerables especulaciones y leyendas a lo largo de los años. Para muchos, la mera combinación de estos dos conceptos evoca imágenes de ceremonias esotéricas, reliquias antiguas y una oscura búsqueda de poderes místicos. Sin embargo, es necesario abordar este tema con cautela, ya que la mezcla de hechos históricos y mitos ha creado una maraña de versiones y suposiciones difíciles de desentrañar. ¿Cuánto del interés del Tercer Reich en el ocultismo fue real? ¿Cuánto fue un instrumento de propaganda o, incluso, un producto de la cultura popular posterior?

Algunos historiadores sostienen que la percepción del nazismo como un régimen profundamente esotérico es un mito en sí mismo. Según el académico Nicholas Goodrick-Clarke, quien ha investigado exhaustivamente la historia esotérica del nazismo, esta narrativa se originó principalmente en la posguerra, cuando surgieron libros que "recrearon" la relación entre el nazismo y las prácticas ocultistas. Goodrick-Clarke explica que esta fascinación fue potenciada en gran medida por el clima de misterio y secreto en torno a figuras como Heinrich Himmler, conocido por su interés en la historia germánica y la simbología pagana.

La figura de Himmler, en particular, es emblemática de cómo el ocultismo y la ideología nazi se entrelazaron de manera compleja y a veces contradictoria. Como explica el historiador Michael Fitzgerald en su obra *Himmler y el misticismo nazi*, el Reichsführer de las SS veía en el ocultismo una manera de validar el nacionalismo germano mediante símbolos y prácticas ancestrales. Para Himmler, la orden SS debía convertirse en una especie de «caballería mística» que conectara a la élite nazi con el pasado mítico de los pueblos arios. A través de esta reinterpretación de elementos de la mitología y la espiritualidad pagana, Himmler no solo buscaba darle un sentido místico a la ideología del régimen, sino también fortalecer su poder personal dentro del mismo.

Sin embargo, esta relación entre el nazismo y el ocultismo no fue homogénea ni plenamente respaldada dentro del régimen. Hitler mismo expresó en varias ocasiones un escepticismo claro hacia las prácticas esotéricas. En una carta de 1938 dirigida a su confidente Albert Speer, Hitler describió el interés de algunos altos oficiales nazis en lo sobrenatural como «absurdo» y «una distracción innecesaria» para la misión política y militar del Tercer Reich. Este contraste entre el escepticismo de Hitler y el fervor de Himmler por el misticismo refleja la ambivalencia con que el nazismo, en su estructura de poder, abordó el ocultismo.

La fascinación por el misticismo en el Tercer Reich

El Tercer Reich surgió en un momento en que Europa experimentaba un renovado interés en el misticismo y el esoterismo, impulsado en parte por los efectos de la Primera Guerra Mundial y la crisis social que esta generó. En la década de 1920, Alemania se convirtió en un hervidero de grupos esotéricos, algunos de los cuales influirían posteriormente en ciertos líderes nazis. Las sociedades esotéricas de aquella época, como la Sociedad Thule, mezclaban elementos de la teosofía, la mitología germánica y el nacionalismo racial, una combinación que encontró eco en los incipientes ideales nazis.

Es importante destacar que la Sociedad Thule, fundada en 1918 y estrechamente vinculada con las primeras actividades políticas de Hitler, fue una de las agrupaciones donde el racismo y el misticismo coincidieron. Según el investigador Peter Levenda, Thule promovía la idea de una "raza superior" ario-germánica basada en una conexión espiritual con las tradiciones y territorios ancestrales. La mitología aria, reinterpretada y popularizada por figuras como Guido von List y Lanz von Liebenfels, proporcionó un marco simbólico que fue rápidamente absorbido por la ideología nazi.

La fascinación del Tercer Reich por el misticismo también tuvo manifestaciones más prácticas. Heinrich Himmler, por ejemplo, estaba convencido de que una elite de guerreros «arios» conectados espiritualmente con su herencia ancestral podría revitalizar el Volk alemán. De ahí que la SS se convirtiera en algo más que una organización paramilitar; Himmler la transformó en una especie de orden mística con rituales de iniciación y símbolos que evocaban a la antigua nobleza germana. Como señala el historiador Christopher Hale, «la SS debía ser la nueva caballería de la raza aria», una institución que trascendiera lo militar y alcanzara dimensiones casi religiosas.

Para alimentar este ideal, Himmler promovió la creación de la Ahnenerbe, una organización dentro de la SS dedicada a la investigación de las tradiciones y artefactos antiguos que pudieran sustentar la ideología racial nazi. La Ahnenerbe financió expediciones a lugares tan remotos como el Tíbet, en busca de pruebas de la existencia de una raza aria primigenia, supuestamente responsable de grandes logros culturales y tecnológicos en la antigüedad. Estos esfuerzos reflejan el intento de legitimar el poder nazi a través de una mitología creada en torno a la pureza racial, estableciendo un vínculo directo con un pasado glorioso.

Este interés en la herencia mítica, sin embargo, no debe ser visto exclusivamente como una peculiaridad de la SS o de Himmler. Como apunta Eric Kurlander en su obra *Hitler›s Monsters: A Supernatural History of the Third Reich*, el uso del esoterismo y lo sobrenatural fue parte de una estrategia para fortalecer la cohesión ideológica del régimen, dándole una dimensión casi «mística» a la lucha por el dominio ario en Europa. Este enfoque, mezcla de fanatismo y superstición, contribuyó a crear un ambiente de culto y de obediencia ciega entre las filas nazis, donde la figura de Hitler adquiría dimensiones de «salvador» o «mesías».

En este contexto, el ocultismo nazi se convierte en una herramienta política más que en un simple interés místico. Como lo define Laurence Rees, uno de los mayores expertos en el Tercer Reich, "el uso del misticismo por parte de los nazis sirvió para justificar su visión del mundo, presentándose como los herederos de una línea de poder ario destinada a dominar". Este mensaje, envuelto en símbolos ancestrales y mitos esotéricos, dio a sus seguidores una justificación «cósmica» de su violencia, brindándoles una aparente misión trascendental.

Capítulo 1: Orígenes del Esoterismo en la Alemania de Entreguerras

1.1 La Sociedad Thule: raíces ideológicas y esotéricas

La Sociedad Thule, fundada en Múnich en 1918, representa uno de los pilares ideológicos que configuraron el pensamiento esotérico en la Alemania de entreguerras. A menudo señalada como la organización que dio origen a algunos de los elementos raciales y místicos del nazismo, Thule combinaba ideas de supremacía racial y misticismo pagano, una mezcla que atraería a varias figuras importantes del movimiento nazi en sus primeras etapas. Según Goodrick-Clarke en *The Occult Roots of Nazism*, la Sociedad Thule promovía una visión de la historia en la que la «raza aria» era vista como una raza superior, dotada de habilidades espirituales y una conexión privilegiada con lo divino.

El interés de Thule por las raíces germanas y la pureza racial la llevó a adoptar símbolos y rituales de antiguas culturas indoeuropeas. Su símbolo, la esvástica, fue reinterpretado como un emblema de poder ario, lo que influiría profundamente en la simbología nazi. De hecho, muchos de los símbolos que hoy asociamos con el Tercer Reich fueron recuperados y reinterpretados por esta sociedad secreta en un intento de devolver a Alemania una identidad «pura» y original. Esta simbología, explica el historiador Hans Thomas Hakl, se convirtió en una forma de construir un pasado mítico, una «Edad de Oro aria», destinada a justificar la supremacía alemana.

La Sociedad Thule también ejerció influencia en la vida política de sus miembros. A través de reuniones secretas y círculos de discusión, desarrollaron una ideología extremista en la que el antisemitismo y la pureza racial eran fundamentales. Uno de sus miembros, Rudolf von Sebottendorff, organizó reuniones esotéricas y publicó escritos que mezclaban elementos de la teosofía con una visión radicalmente racista. La influencia de Thule no se limitaba a la teoría; también estaba involucrada activamente en actividades políticas y violentas, apoyando, entre otros, a los Freikorps, grupos paramilitares nacionalistas que desempeñaron un papel importante en los disturbios de la posguerra.

1.2 Antroposofía y ariosofía: movimientos esotéricos e influencia racial

Simultáneamente a la Sociedad Thule, surgieron otros movimientos esotéricos en Alemania que abogaban por una mezcla de espiritualidad y nacionalismo. La antroposofía, fundada por Rudolf Steiner, y la ariosofía, desarrollada por Guido von List y Jörg Lanz von Liebenfels, influyeron considerablemente en la visión mística de la raza y la identidad en el período de entreguerras. La antroposofía, si bien menos extremista que la ariosofía, proponía una visión del mundo que combinaba la espiritualidad con una conexión con la naturaleza y el espíritu humano, algo que resonaba en una Alemania que buscaba respuestas en el misticismo tras el trauma de la Primera Guerra Mundial.

La ariosofía, por su parte, fue mucho más radical. Lanz von Liebenfels, considerado uno de los padres de la ideología ariosófica, defendía abiertamente la superioridad racial y el rechazo a las razas «inferiores». En sus textos, comparaba a los arios con «ángeles caídos» destinados a recuperar su pureza original, una idea que acabaría convirtiéndose en el núcleo de la ideología racista nazi. Su publicación, *Ostara*, una revista que combinaba esoterismo y supremacía racial, tuvo un notable éxito y llegó a las manos de jóvenes radicalizados, incluido Adolf Hitler, quien, según algunos estudios, pudo haberse sentido influido por las ideas de Liebenfels.

La influencia de estos movimientos se extendió rápidamente en un contexto de crisis económica y social, donde muchos buscaban explicaciones místicas y soluciones radicales. La ariosofía, en particular, encontró un eco especial entre los nacionalistas alemanes, que adoptaron la idea de una misión divina para la raza aria, algo que quedaría profundamente grabado en la mentalidad nazi. Según el investigador Nicholas Goodrick-Clarke, el ideal ariosófico de pureza racial y destino sagrado proporcionó una justificación ideológica para las políticas de exterminio que se desarrollarían más adelante.

1.3 El auge de lo oculto en la sociedad alemana: mitos, leyendas y arquetipos

El interés por el esoterismo en la Alemania de entreguerras no se limitaba a las élites intelectuales o a sociedades secretas. A nivel popular, proliferaron las creencias en la astrología, el espiritismo y la adivinación, alimentadas por una serie de mitos y leyendas nacionales que evocaban un pasado heroico y mágico. Esta fascinación por lo oculto, según el historiador Eric Kurlander en *Hitler's Monsters*, fue catalizada por un profundo descontento con el racionalismo moderno y una nostalgia por una era de grandeza germana que había desaparecido.

La cultura popular abrazó figuras míticas como los héroes nórdicos, los dioses germánicos y leyendas medievales. Richard Wagner, con su obra inspirada en mitos germanos como *El Anillo del Nibelungo*, ayudó a popularizar este imaginario, en el cual el héroe ario era noble, fuerte y destinado a un futuro grandioso. Las ideas de Wagner y su concepto del «arte total» calaron profundamente en Adolf Hitler, quien adoptaría muchas de estas ideas como un componente esencial en su visión de la nación alemana.

Además, se produjo un auge de la literatura esotérica, donde autores como Helena Blavatsky con *La Doctrina Secreta* introdujeron conceptos de antiguas razas místicas, lo que influyó en la percepción de la superioridad racial. La obra de Blavatsky se basaba en la idea de que la humanidad estaba dividida en diferentes razas con diversos niveles de evolución espiritual, una teoría que fue adoptada y radicalizada en los círculos nacionalistas alemanes. De manera similar, los escritos de Carl Jung sobre los arquetipos profundizaron en la psicología de estos mitos colectivos, reforzando la idea de un inconsciente colectivo que conectaba a los alemanes con sus raíces ancestrales.

Este interés en lo oculto también fue incentivado por las difíciles condiciones económicas y sociales de la época. Las crisis y el miedo a la inestabilidad política llevaron a muchos a buscar en el misticismo una explicación a sus dificultades y una esperanza de redención nacional. Los movimientos esotéricos aprovecharon este clima para expandir sus creencias, creando un caldo de cultivo para ideas extremistas que conectaban la espiritualidad con una identidad nacionalista radical.

Capítulo 2: Adolf Hitler y la Influencia de lo Sobrenatural

2.1 La juventud de Hitler y su interés por el ocultismo

Los primeros años de Adolf Hitler están envueltos en un misterio que ha dado pie a numerosas teorías sobre su atracción por el ocultismo y lo sobrenatural. Se ha documentado que, en su juventud, Hitler mostró un particular interés por lecturas místicas y esotéricas, especialmente aquellas relacionadas con la pureza racial, los poderes sobrenaturales y los mitos de la antigüedad germánica. El historiador Peter Levenda, en su obra *Unholy Alliance*, destaca que, durante su estadía en Viena, Hitler frecuentó librerías ocultistas y tuvo acceso a textos que combinaban nacionalismo y misticismo, como los escritos de Guido von List y Jörg Lanz von Liebenfels.

Este entorno vienés de principios del siglo XX estaba impregnado de tendencias esotéricas. Lanz von Liebenfels, en particular, fue una figura notable en este contexto, y su revista *Ostara*, que promovía ideas de superioridad racial, fue una posible influencia en el joven Hitler. Von Liebenfels creía en una raza aria predestinada para gobernar, una narrativa que Hitler adoptaría y expandiría posteriormente en sus discursos y políticas. Según el biógrafo Brigitte Hamann, Hitler devoraba obras sobre espiritualismo, astrología y ocultismo, buscando una suerte de guía trascendental en medio de su inestabilidad personal y la difícil situación económica de la época.

Este interés juvenil en el ocultismo le proporcionó a Hitler un marco conceptual donde podía visualizar a los alemanes como una raza superior con un destino predeterminado. Si bien no todos estos conceptos perduraron en su ideología adulta, sembraron la semilla de la idea de una misión mística para Alemania que Hitler desarrollaría posteriormente, ayudado por figuras de mayor influencia esotérica en el ámbito nazi.

2.2 La influencia de Dietrich Eckart y el rol del mentor esotérico

La figura de Dietrich Eckart es fundamental para comprender la transición de Hitler de un aficionado del esoterismo a un político que utilizó elementos místicos para construir su imagen y liderazgo. Eckart, poeta, dramaturgo y uno de los primeros miembros del partido nazi, fue un mentor de Hitler que veía en él al líder destinado a salvar a Alemania. Como señala el historiador Nicholas Goodrick-Clarke, Eckart creía firmemente en la idea de un «mesías ario» que guiaría a los germanos hacia una era de gloria y poder, y consideró a Hitler como el cumplimiento de esta profecía.

En sus encuentros con Eckart, Hitler fue introducido en la idea de un destino divino para el pueblo alemán y comenzó a ver en sí mismo la encarnación de esta misión. Eckart, quien era miembro de la Sociedad Thule, transmitió a Hitler una cosmovisión donde lo esotérico y lo político se entrelazaban, y en la cual los enemigos de Alemania —particularmente los judíos, en la interpretación antisemita de Thule— eran vistos como fuerzas oscuras que impedían el renacimiento del espíritu germano. Según el biógrafo Ian Kershaw, esta relación fue clave en la formación de Hitler, ya que Eckart no solo le enseñó a estructurar sus discursos, sino también a proyectarse como un líder mesiánico.

Eckart murió en 1923, pero su influencia en Hitler fue perdurable. Incluso llegó a dedicarle su obra inconclusa, *Mein Kampf*, como un «profeta» de la causa nazi. En palabras de Eckart, Hitler era "la espada" que acabaría con los enemigos de Alemania, una visión que el propio Hitler asumió y explotó en su ascenso al poder. Esta proyección mesiánica de Hitler como un redentor nacional, envuelta en simbolismos y términos místicos, se convertiría en uno de los pilares de la propaganda nazi.

2.3 La construcción de Hitler como una figura mesiánica

La imagen de Hitler como una figura mesiánica fue meticulosamente cultivada y promovida por la maquinaria de propaganda nazi. En los discursos y representaciones visuales, Hitler era presentado como un salvador providencial, enviado para liberar a Alemania de sus enemigos y restaurar su gloria. El misticismo, entendido como una forma de conexión trascendental con el pueblo y con un supuesto destino histórico, fue central para consolidar esta imagen.

El sociólogo Philippe Burrin ha señalado que el liderazgo de Hitler se estructuró en torno a la idea de una «misión divina». Los rituales de lealtad y los juramentos de fidelidad, así como las manifestaciones masivas organizadas por el partido, reforzaban la percepción de Hitler como un enviado del destino alemán. En estas ceremonias, se usaban símbolos arcaicos y referencias a leyendas germánicas que evocaban una conexión directa con un pasado mítico. La espectacularidad de los mítines, con sus coreografías y estandartes, recordaba a los rituales religiosos y daba a la figura de Hitler una dimensión casi sagrada.

Goebbels, el jefe de propaganda del Tercer Reich, desempeñó un papel crucial en esta construcción. A través de una cuidadosa manipulación de los medios, Goebbels cultivó la imagen de Hitler como un «líder visionario» con una conexión especial con el destino de Alemania. Los mensajes, transmitidos en un lenguaje que combinaba lo político y lo religioso, reforzaban la idea de que Hitler no era simplemente un líder político, sino una figura casi profética, dotada de un poder y una claridad excepcionales.

2.4 Superstición y símbolos: el amuleto de la esvástica y sus interpretaciones

La esvástica, uno de los símbolos más potentes del Tercer Reich, fue recuperada y reinterpretada por el nazismo como un emblema de poder y pureza racial. Originalmente un símbolo de buena fortuna en varias culturas antiguas, la esvástica fue adoptada por los nazis bajo una nueva connotación: la del renacimiento y la supremacía arios. La fascinación por la esvástica no fue una simple elección estética; representaba una conexión simbólica con un supuesto linaje sagrado que, según la ideología nazi, confería legitimidad al régimen.

El historiador Eric Kurlander, en *Hitler›s Monsters*, explica que la esvástica fue elegida debido a sus profundas raíces culturales y su asociación con la espiritualidad y la prosperidad. El diseño, que había sido utilizado por la Sociedad Thule y otros grupos esotéricos, fue visto como un talismán que protegería y guiaría al Tercer Reich. En el contexto nazi, el amuleto de la esvástica se convirtió en un símbolo de protección y victoria, no solo para Alemania, sino para toda la «raza aria».

Además de la esvástica, Hitler y otros líderes nazis practicaban diversas supersticiones. Existen relatos de que Hitler llevaba consigo amuletos y creía en los poderes del destino, como lo sugiere el escritor Hermann Rauschning, quien asegura que Hitler solía consultar con astrólogos y videntes en los primeros años de su mandato. Aunque su postura oficial era de escepticismo, Hitler no era ajeno a ciertas prácticas supersticiosas, especialmente aquellas que reforzaban su sentido de invulnerabilidad y su misión divina.

Capítulo 3: Las Sociedades Secretas del Nazismo

3.1 La Sociedad Thule y su papel en la creación del partido nazi

La Sociedad Thule fue una organización esotérica y nacionalista que jugó un papel fundamental en la configuración de las ideas racistas y antisemitas que caracterizarían al movimiento nazi. Fundada en 1918 por Rudolf von Sebottendorff en Múnich, Thule se inspiraba en mitos y símbolos germánicos y compartía una visión de supremacía racial que influiría directamente en los primeros pasos del Partido Nacionalsocialista Alemán. Tal como señala Nicholas Goodrick-Clarke en *The Occult Roots of Nazism*, Thule fue una de las primeras agrupaciones en combinar esoterismo con política, buscando una «reconexión» con un pasado mítico ario para legitimar sus ideas.

La Sociedad Thule se basaba en la creencia de que los alemanes descendían de una raza superior, vinculada a la civilización perdida de Thule, una mítica isla ártica similar a la Atlántida. Este mito proporcionaba a sus miembros un sentido de identidad especial y un deber histórico: «purificar» la nación alemana y protegerla de influencias «corruptas». Como apunta el historiador Detlev Rose, los miembros de Thule veían en el antisemitismo y la xenofobia una forma de proteger esta herencia mística.

Entre los primeros miembros de Thule se encontraban figuras clave del partido nazi como Alfred Rosenberg y Rudolf Hess. Su influencia en Hitler, aunque indirecta, fue significativa: a través de Dietrich Eckart, miembro activo de Thule, Hitler fue introducido a la ideología de esta sociedad, y en ella encontró un marco de referencia que influyó en sus ideas racistas y nacionalistas. Eckart, quien veía en Hitler al líder profético de la «raza aria», transmitió al futuro Führer la visión de Thule como un medio para alcanzar la «pureza» de la nación germana. En este sentido, la Sociedad Thule no solo sirvió como un punto de encuentro para la ideología nazi, sino que también fue un vehículo para difundir el mensaje de una misión «divina» para Alemania.

3.2 La Orden Negra: Heinrich Himmler y las SS como orden mística

Con la fundación de la Schutzstaffel (SS) en 1925 como una guardia personal de Hitler, Heinrich Himmler vio en esta organización el potencial de crear una «orden mística» que encarnara los ideales más radicales del nazismo. Inspirado por organizaciones medievales como los caballeros templarios, Himmler buscó hacer de las SS una élite no solo militar sino espiritual. En palabras de Karl-Heinz Reuband, Himmler quería que las SS fueran «guardianes de la pureza racial» y defensores de una «misión divina» para la raza aria.

La estructura y simbolismo de las SS reflejaban esta visión mística. Desde su emblema de las «daga dobles» hasta los rituales de iniciación, la organización evocaba elementos de antiguas órdenes caballerescas. Himmler alentaba a sus oficiales a considerarse a sí mismos como una aristocracia racial destinada a gobernar sobre la humanidad, una misión que requería de una devoción absoluta a los valores y creencias arias. En sus palabras, las SS debían ser «la encarnación de la ideología racial nacionalsocialista».

Los rituales de las SS, desarrollados bajo la supervisión de Himmler, incluían juramentos de lealtad, ceremonias de purificación y celebraciones paganas de solsticios, prácticas que buscaban desconectar a sus miembros del cristianismo y fomentar un sentido de comunidad esotérica. Para Himmler, estos rituales no solo fortalecían la unidad del grupo, sino que ayudaban a construir una «religión aria» que fundamentara el poder y la pureza racial. Este sistema de creencias, señala el historiador Eric Kurlander, transformaba a las SS en una especie de «caballería sagrada», cuyo objetivo era restaurar el orden natural de la supremacía aria.

3.3 La Ahnenerbe: la "Sociedad para la Investigación de la Herencia Ancestral"

Fundada en 1935, la Ahnenerbe o «Sociedad para la Investigación de la Herencia Ancestral» fue una institución científica y esotérica que tenía como objetivo demostrar la superioridad racial de los alemanes y establecer una conexión directa entre el Tercer Reich y un pasado ario mítico. La Ahnenerbe, financiada y protegida por Himmler, operaba bajo la premisa de que la historia debía ser reinterpretada para confirmar la ascendencia germánica de grandes civilizaciones antiguas.

La Ahnenerbe organizó expediciones a diversos lugares del mundo en busca de pruebas que respaldaran esta teoría. Uno de los destinos más notorios fue el Tíbet, donde un grupo de científicos e investigadores alemanes, dirigidos por Ernst Schäfer, buscó vestigios de una «raza aria primigenia» que, según ellos, habría civilizado el mundo. Este tipo de misiones, aunque poco fructíferas en términos de hallazgos concretos, sirvieron para reforzar la narrativa del Reich sobre una raza aria superior.

Además, la Ahnenerbe llevó a cabo investigaciones en varios campos, desde arqueología hasta antropología y biología, todos enfocados en demostrar la pureza racial y la conexión ancestral del pueblo alemán. Como explica Heather Pringle en *The Master Plan: Himmler's Scholars and the Holocaust*, estas investigaciones eran pseudocientíficas y no tenían base empírica sólida. Sin embargo, contribuyeron a difundir y legitimar la ideología racial nazi entre las elites intelectuales de Alemania.

3.4 Himmler y el castillo de Wewelsburg: el epicentro esotérico de las SS

El castillo de Wewelsburg, una fortaleza medieval en Westfalia, fue restaurado y remodelado por orden de Himmler para servir como centro espiritual y místico de las SS. Himmler, fascinado por la historia y la simbología germánicas, eligió Wewelsburg para construir lo que él llamó un «templo ario», un lugar donde la élite de las SS podría reunirse y realizar ceremonias que conectaran a sus miembros con la historia ancestral y la espiritualidad aria.

El diseño de Wewelsburg fue cuidadosamente planeado para simbolizar la misión de las SS. El historiador Michael Fitzgerald explica que la disposición circular del salón principal, conocido como la «Sala de los Generales», evocaba un aura mística, donde los oficiales de alto rango realizaban reuniones y ceremonias. En el centro de este salón se encontraba el símbolo de la *Schwarze Sonne* (Sol Negro), un emblema que representaba el poder oculto de la raza aria y la fuerza de la pureza racial.

Wewelsburg se convirtió así en el centro de los rituales esotéricos de las SS. Cada año, Himmler organizaba ceremonias en las que los oficiales renovaban sus juramentos de lealtad, y, según algunos testimonios, se llevaban a cabo prácticas que evocaban rituales paganos. Para Himmler, Wewelsburg era un espacio sagrado, un lugar donde las SS podían conectar espiritualmente con la misión «sagrada» del nazismo y consolidarse como una orden mística de guerreros. Aunque el papel de Wewelsburg en la ideología nazi ha sido en parte mitificado, su simbolismo como «templo» de las SS refleja la importancia que Himmler daba al misticismo como herramienta de cohesión y justificación.

Capítulo 4: Búsqueda de Reliquias Sagradas

4.1 El Grial y la lanza de Longino: el simbolismo de la pureza y el poder

Uno de los objetos más misteriosos y legendarios asociados con el Tercer Reich es la lanza de Longino, también conocida como la Lanza del Destino. Según la tradición cristiana, esta lanza fue utilizada por un soldado romano llamado Longino para atravesar el costado de Jesús en la cruz. La leyenda afirma que quien posea la lanza tendrá el poder de conquistar el mundo, lo que hizo de este objeto un símbolo de poder irresistible para algunos líderes nazis, en especial para Adolf Hitler. En la obra *The Spear of Destiny*, Trevor Ravenscroft narra cómo Hitler, ya desde su juventud, se sintió atraído por la lanza, convencido de que le otorgaría una conexión espiritual con una misión de dominación global.

La leyenda del Santo Grial, otro símbolo de pureza y poder, también capturó la imaginación de Heinrich Himmler y otros líderes nazis. Influenciados por el misticismo medieval, los nazis veían el Grial como un emblema de la pureza racial y la supremacía espiritual. Himmler, en particular, estaba convencido de que el Grial simbolizaba la «pureza de sangre» y la conexión con un linaje místico de héroes arios. En Wewelsburg, Himmler destinó una sala especialmente para estudios y rituales inspirados en la búsqueda del Grial, que según él, conferiría a las SS un aura de caballeros sagrados y protectores de la raza aria.

Esta búsqueda de reliquias se enmarcaba en la visión del régimen nazi de una «misión sagrada» para purificar y dominar el mundo. La apropiación de estos símbolos cristianos reinterpretados en clave pagana reflejaba la idea de Hitler y Himmler de que el poder nazi trascendía lo político y se extendía al ámbito espiritual. La lanza de Longino y el Grial se convirtieron así en iconos de un nuevo orden destinado a imponer la pureza aria en el mundo.

4.2 Expediciones a Asia y el Tíbet: en busca de la raza aria original

Uno de los proyectos más ambiciosos de la Ahnenerbe fue la organización de expediciones a lugares remotos en busca de pruebas de la existencia de una raza aria original, la cual, según creían, era el origen de la «superioridad» germánica. El Tíbet fue uno de los destinos más célebres de estas expediciones, impulsada por la creencia de que los arios habían emigrado desde Asia central para fundar civilizaciones avanzadas en Europa. Liderada por el antropólogo Ernst Schäfer, esta expedición tenía como objetivo no solo recopilar datos antropológicos, sino también obtener evidencias de una conexión espiritual y cultural entre los tibetanos y los alemanes.

El investigador Michael Fitzgerald señala que la expedición al Tíbet fue en realidad una búsqueda pseudocientífica de rastros arios en las montañas de Asia. Durante la expedición, Schäfer y su equipo midieron cráneos, analizaron rasgos faciales y documentaron rituales tibetanos, tratando de vincularlos a una supuesta «cultura aria primigenia». Esta exploración era parte de un proyecto mayor: establecer una narrativa histórica que conectara al pueblo alemán con un linaje mítico, reforzando la idea de que los arios habían sido responsables de grandes civilizaciones antiguas y que el destino de Alemania era recuperar su poder ancestral.

Estas expediciones, aunque no proporcionaron ninguna evidencia concreta, fueron útiles en el ámbito propagandístico. En la retórica nazi, estos viajes reforzaban la idea de una misión científica y espiritual de redescubrimiento de la «raza superior». Al regresar a Alemania, los miembros de la Ahnenerbe presentaron los hallazgos de estas expediciones como pruebas de la legitimidad del Tercer Reich, reivindicando su posición como herederos de una cultura ario-germánica primordial.

4.3 Reliquias y símbolos ancestrales: el poder de lo antiguo en el ideario nazi

El interés de los nazis por las reliquias antiguas no se limitaba al Grial y la lanza de Longino. La Ahnenerbe y otras instituciones del Tercer Reich emprendieron la búsqueda de diversos objetos y símbolos ancestrales que pudieran reforzar la narrativa de la supremacía racial. Desde artefactos germánicos y escandinavos hasta símbolos celtas, los nazis se apropiaron de una vasta gama de iconos antiguos que, en su interpretación, representaban la pureza y el poder de la raza aria.

Las runas, por ejemplo, fueron incorporadas como emblemas de las SS, ya que Himmler creía que poseían un poder místico que conectaba a los alemanes con sus antepasados guerreros. La runa Sól (S), adoptada como símbolo de las SS, fue reinterpretada como una marca de poder y autoridad divina. En palabras del historiador Karl-Heinz Reuband, «las runas representaban para Himmler el idioma de los dioses antiguos, un lenguaje sagrado reservado para los ‹elegidos›».

El Tercer Reich también se apropió de símbolos como el martillo de Thor y otros elementos de la mitología nórdica, que en su visión reforzaban el linaje sagrado del pueblo alemán. Estos símbolos, aunque extraídos de diversas culturas, fueron reinterpretados para crear una cosmovisión nazi coherente en la que lo «antiguo» y lo «puro» estaban intrínsecamente relacionados. El objetivo final era construir una mitología ario-germánica que legitimara la superioridad racial del Tercer Reich y su misión de dominación.

4.4 Las conexiones con la mitología germánica: Asgard, Valhalla y los dioses nórdicos

La mitología germánica desempeñó un papel crucial en la construcción del ideario nazi. Personajes y lugares míticos como Asgard, Valhalla, y los dioses Odín y Thor, fueron utilizados como símbolos de la fortaleza y nobleza que, según los nazis, definían la esencia del pueblo alemán. Himmler y otros líderes nazis se veían a sí mismos como herederos de esta tradición, y buscaban inculcar estos valores en la sociedad alemana, especialmente dentro de las SS.

Valhalla, el gran salón de los héroes caídos en la mitología nórdica, fue adoptado simbólicamente como el destino final de los soldados alemanes que sacrificaban sus vidas por el Reich. Esta mitología glorificaba la muerte en combate y el honor, valores que el régimen nazi promovía activamente entre sus fuerzas armadas. Según el investigador Eric Kurlander, esta «mitificación de la muerte» ayudaba a los soldados a verse como parte de una lucha heroica más allá de lo humano, lo que facilitaba la lealtad y el sacrificio.

Asgard, el reino de los dioses, y sus habitantes eran símbolos de pureza y poder supremo en la narrativa nazi. Himmler promovía estos mitos nórdicos dentro de la SS y celebraba ceremonias inspiradas en los antiguos rituales germánicos para conectar espiritualmente a sus soldados con el linaje de los dioses. Para Himmler, este vínculo con los dioses antiguos no solo justificaba la pureza racial, sino que también transformaba la misión del Tercer Reich en un mandato divino.

Este interés en la mitología germánica no solo contribuyó a fortalecer la cohesión ideológica del régimen, sino que proporcionó a los seguidores de Hitler un sentido de misión trascendental. Como señala Laurence Rees en *The Dark Charisma of Hitler*, el Führer fue percibido no solo como un líder político, sino como un ser «elegido», destinado a llevar a los alemanes hacia una era de grandeza mítica. Esta construcción mítica del nazismo resultaba sumamente atractiva para muchos, ya que prometía un retorno a la pureza y la gloria ancestral.

Capítulo 5: Misticismo y Filosofía Nazi

5.1 La interpretación nazi del misticismo oriental y la doctrina racial

La ideología nazi no solo se nutría de mitologías germánicas y nórdicas, sino que también exploraba las doctrinas orientales, especialmente aquellas relacionadas con la espiritualidad y las prácticas esotéricas de Asia. Los nazis, a través de instituciones como la Ahnenerbe, reinterpretaron los conceptos del hinduismo y el budismo para justificar la superioridad de la «raza aria», afirmando que esta raza provenía originariamente de Asia. El investigador Eric Kurlander, en *Hitler›s Monsters*, describe cómo el régimen nazi desarrolló un sincretismo particular que combinaba las doctrinas de pureza espiritual y ascetismo de las filosofías orientales con su propia ideología racial.

La esvástica, un símbolo sagrado en la cultura hindú y budista que representa el ciclo de la vida y el bienestar, fue apropiada por los nazis como un emblema de pureza racial y poder ario. En la cosmovisión nazi, la esvástica pasó a representar el poder y la inmortalidad de una raza superior. Himmler, en particular, estaba fascinado por el simbolismo y los valores orientales, a los que veía como una prueba de que los arios habían alcanzado el mayor grado de desarrollo espiritual en tiempos antiguos. La Ahnenerbe organizó estudios y expediciones en Asia para «redescubrir» estos conocimientos ancestrales y conectar espiritualmente a los arios modernos con sus supuestos orígenes asiáticos.

Para los nazis, el misticismo oriental se convirtió en una herramienta que apoyaba su doctrina racial. La idea de la reencarnación, por ejemplo, fue adaptada para reforzar la idea de una «misión eterna» del pueblo alemán, afirmando que sus antepasados espirituales eran los creadores de grandes civilizaciones antiguas. Esta reinterpretación del misticismo oriental se entrelazaba con la ideología racial, proporcionando un trasfondo espiritual que justificaba la supremacía y el expansionismo nazi.

5.2 La mitología aria: la idealización del superhombre

Uno de los conceptos clave en la filosofía nazi fue la figura del «superhombre» o *Übermensch*, un ideal de perfección física y espiritual que debía encarnar las virtudes supremas de la «raza aria». Inspirado en las ideas de Friedrich Nietzsche, el régimen nazi reinterpretó el concepto nietzscheano de *Übermensch* como una representación del guerrero ario, una figura que alcanzaría el máximo desarrollo humano y establecería un nuevo orden mundial.

El filósofo Alfred Rosenberg, uno de los ideólogos principales del nazismo, fue un ferviente defensor de la idea del superhombre ario. En su obra *El mito del siglo XX*, Rosenberg describía al ario como el ser supremo, el portador de una chispa divina y la fuerza creadora detrás de la civilización europea. Según Rosenberg, esta raza estaba destinada a reinar sobre los demás pueblos, y su misión era expandir su cultura y sus valores. La concepción de Rosenberg del superhombre reflejaba una mezcla de misticismo y racismo, que justificaba la exclusión y la opresión de otras «razas» al considerarlas inferiores.

Este mito del superhombre no era solo una idea filosófica, sino una herramienta de movilización. La propaganda nazi promovía esta imagen en películas, libros y otros medios, presentando al soldado alemán como el epítome de esta raza superior. En la mente del alemán común, esta figura heroica no solo representaba la fuerza física, sino también una conexión espiritual con un pasado heroico, lo que facilitaba la aceptación de la ideología nazi y sus políticas expansionistas.

5.3 La relación entre la ciencia y lo oculto en la Alemania nazi

La Alemania nazi buscó fusionar la ciencia y el ocultismo en su afán por demostrar y consolidar su ideología racial. Esta convergencia se manifestó en la creación de «ciencias» raciales y en investigaciones científicas patrocinadas por la Ahnenerbe, donde los estudios se distorsionaban para confirmar la supremacía aria. La biología, la antropología y la medicina fueron instrumentalizadas para validar las creencias místicas del régimen, una mezcla de pseudociencia y misticismo que trataba de demostrar la superioridad física y espiritual de los arios.

La eugenesia, por ejemplo, se utilizaba como una herramienta para «purificar» la raza. En esta visión, la genética no solo era una ciencia biológica, sino una ciencia espiritual que justificaba la eliminación de aquellos considerados como «impuros». Himmler promovía abiertamente esta relación entre ciencia y misticismo, llegando a afirmar que las investigaciones eugenésicas tenían un propósito casi «sagrado» para preservar la «divinidad» ario-germánica.

La física también se vio afectada por estas ideas. Con el ascenso del nazismo, los científicos judíos fueron excluidos de sus cargos, y se promovió una «física aria» en contraposición a lo que llamaban «física judía». La mecánica cuántica y la relatividad, vinculadas a Albert Einstein, fueron rechazadas por considerarse teorías «degeneradas». En su lugar, los científicos nazis abogaron por una ciencia «pura», que se alineara con los valores y mitos promovidos por el régimen. Esta fusión de ciencia y misticismo, explica el historiador Mark Walker, no solo frenó el desarrollo científico en Alemania, sino que también mostró cómo el nazismo instrumentalizó el conocimiento para ajustarlo a sus propios fines esotéricos y pseudocientíficos.

5.4 La astrología y el ocultismo como herramientas de poder

La astrología, el espiritismo y otras prácticas ocultas fueron utilizadas por el régimen nazi como medios de manipulación y control. Aunque Adolf Hitler despreciaba abiertamente la astrología y la adivinación, varios de sus colaboradores más cercanos, incluidos

Himmler, Goebbels y Hess, empleaban estas prácticas en su vida cotidiana y en la toma de decisiones. Karl Ernst Krafft, un conocido astrólogo, fue reclutado por el régimen para realizar predicciones y análisis astrológicos que apoyaran la propaganda nazi y ayudaran a guiar las estrategias políticas y militares.

Himmler, en particular, era un fiel creyente en la astrología y los poderes ocultos. Según el investigador Michael Fitzgerald, Himmler consultaba regularmente a astrólogos para fijar fechas y decisiones importantes, convencido de que el «cosmos» estaba alineado con la misión ario-germánica. Esta dependencia en la astrología y otros métodos esotéricos reflejaba la obsesión de Himmler por dotar a las SS y al Tercer Reich de un sentido de destino cósmico. Creía que las estrellas y los eventos astrológicos influían en la misión nazi, una creencia que contribuyó a fortalecer la imagen de las SS como una élite «conectada» con los poderes de la naturaleza y del universo.

El ocultismo se extendió a otros aspectos de la administración nazi. Joseph Goebbels, ministro de propaganda, empleó a numerólogos y astrólogos para diseñar la retórica y las imágenes que reforzaran la conexión mística entre Hitler y el destino de Alemania. La propaganda nazi hacía uso de símbolos y fechas astrológicas para generar un sentido de sincronía y propósito trascendental, convenciendo a los seguidores de que su lucha tenía el respaldo del «destino» y que estaba en sintonía con fuerzas cósmicas.

Capítulo 6: Propaganda y Manipulación de la Imagen Mística de Hitler

6.1 El uso de símbolos esotéricos en la propaganda nazi

La propaganda nazi, orquestada meticulosamente por Joseph Goebbels, se basó en la utilización de símbolos esotéricos y arquetípicos para construir una narrativa mística en torno a Adolf Hitler y la ideología del Tercer Reich. La esvástica, un símbolo milenario asociado con la prosperidad y el poder, fue reinterpretada como el emblema supremo del régimen nazi, dotándola de un sentido casi sacro y presentándola como un talismán de poder y pureza racial. El símbolo de la esvástica no solo era un distintivo visual, sino también un vehículo de un poder místico que, según la propaganda, otorgaba protección y victoria a quien lo portara.

Las runas, otro elemento importante en la simbología nazi, se incorporaron especialmente en las SS. Himmler estaba convencido de que las runas representaban poderes ancestrales y que, al adoptarlas, la organización conectaba espiritualmente con una tradición sagrada germánica. La runa "Sig", en forma de doble rayo, simbolizaba la victoria y fue adoptada como el emblema de las SS. A través de la repetición de estos símbolos, la propaganda nazi transformó elementos esotéricos en iconos que representaban valores como el honor, la lealtad y la pureza racial, dotando al régimen de una identidad visual que apelaba a las emociones y la psicología del pueblo alemán.

La maquinaria propagandística nazi también empleó colores y patrones arquetípicos que evocaban el poder y la trascendencia. El rojo, el blanco y el negro, presentes en la bandera nazi, no solo destacaban visualmente, sino que evocaban una combinación de sangre, pureza y poder. Estos símbolos y colores, repetidos en desfiles, carteles y discursos, generaban un sentido de unidad y destino compartido, vinculando al pueblo alemán con un propósito superior y místico.

6.2 Creación del mito del "salvador ario"

La construcción de Hitler como un "salvador ario" fue uno de los ejes fundamentales de la propaganda nazi. Goebbels y su equipo trabajaron para presentar a Hitler no solo como un líder político, sino como una figura mesiánica destinada a redimir a Alemania y restaurar su gloria. Este "mito del salvador" estaba cuidadosamente elaborado para que el pueblo alemán viera a Hitler como un héroe destinado a liberar a la nación de sus enemigos internos y externos.

Para ello, se presentaba a Hitler en una imagen de humildad, fortaleza y sacrificio, retratándolo como un líder que, proveniente del "pueblo", ascendía hacia una misión divina. En discursos y pósters, se le llamaba "el Führer" en un tono reverente, enfatizando su rol como el elegido. Según el historiador Laurence Rees, la propaganda nazi logró persuadir a muchos de que Hitler era la encarnación de la voluntad del pueblo alemán, un líder con una misión superior que debía cumplirse a toda costa.

El mito del salvador ario también incluyó referencias a leyendas y mitos heroicos, que comparaban a Hitler con figuras épicas como Sigfrido, el héroe de la mitología germánica. En la cosmovisión nazi, Hitler era el "guerrero ario" que defendía a su pueblo de las fuerzas oscuras, y su misión era proteger la pureza racial alemana. Este mito del salvador ario, promovido a través de desfiles, ceremonias y medios de comunicación, lograba que los alemanes vieran a Hitler como un enviado de una misión divina, creando una devoción que iba más allá de lo político.

6.3 La invocación de lo sobrenatural para fortalecer la ideología nazi

La propaganda nazi también recurrió a la invocación de elementos sobrenaturales y místicos para fortalecer la ideología del Tercer Reich y darle una dimensión trascendental. Goebbels promovió la idea de que el nacionalsocialismo era más que una ideología política: era una filosofía de vida con raíces espirituales que conectaba al pueblo alemán con un propósito cósmico. Esta idea de "destino" y "misión" se reforzaba mediante referencias a profecías, astrología y visiones místicas que inspiraban la creencia en la inevitabilidad de la victoria alemana.

Para fortalecer esta narrativa, la propaganda nazi invocaba visiones del "orden natural", donde la raza aria ocupaba un lugar preeminente en la jerarquía cósmica. En este esquema, los "elementos impuros" o "antigermánicos" representaban fuerzas antinaturales, y la misión del nacionalsocialismo era restaurar el equilibrio cósmico a través de la pureza racial. Himmler y otros líderes nazis hicieron uso de esta imagen de lucha sagrada para justificar la violencia y la opresión, promoviendo la idea de que sus acciones eran parte de una misión trascendental en la cual el destino del Tercer Reich estaba ligado al destino del cosmos.

El uso del ocultismo y de profecías también se extendía a la visión de la guerra. Los nazis presentaban sus campañas militares como una especie de cruzada destinada a restaurar el orden y purificar el mundo. Esta idea de guerra como un acto sagrado permitía a los soldados verse a sí mismos como guerreros en una misión espiritual, un concepto que fortalecía su lealtad y sacrificio. En palabras del investigador Eric Kurlander, el uso de lo sobrenatural en la propaganda nazi generaba una devoción casi religiosa entre los seguidores del régimen, quienes creían que su lucha formaba parte de una misión más grande.

6.4 Cine, teatro y arte como vehículos de misticismo

El cine, el teatro y el arte visual fueron instrumentos esenciales en la transmisión de la ideología nazi y en la construcción de una atmósfera mística en torno a Hitler y al Tercer Reich. La película *El triunfo de la voluntad* de Leni Riefenstahl es un ejemplo icónico de cómo el régimen nazi utilizaba el cine para promover su visión mística del mundo. Riefenstahl, a través de técnicas de filmación innovadoras, retrató a Hitler como un líder carismático que emerge entre las masas, como si fuera una figura sobrehumana. Las imágenes de grandes desfiles y las coreografías de soldados y estandartes enfatizaban el poderío y la unidad del régimen, mostrando al Führer como el centro de un movimiento casi religioso.

La arquitectura y el arte visual también jugaron un papel central en la construcción de esta imagen mística. Albert Speer, el arquitecto principal del Tercer Reich, diseñó espacios monumentales que evocaban templos y escenarios épicos, donde los actos del partido nazi adquirían una dimensión de ritual. Los edificios y monumentos de Speer estaban destinados a perdurar en el tiempo, reflejando la supuesta eternidad y el poder inmutable del Reich. Estos espacios se utilizaban para ceremonias y rituales, donde los seguidores del nazismo se sumergían en una atmósfera de culto, reforzando la idea de una conexión trascendental entre la ideología y el espíritu alemán.

El teatro y las artes visuales también representaban esta mística nazi. Obras de teatro y producciones artísticas se inspiraban en mitos germánicos y en el heroísmo ario, con personajes que representaban el ideal de pureza y sacrificio. Además, las representaciones de Hitler y otros líderes nazis en pinturas y esculturas los mostraban como héroes mitológicos, en posiciones que evocaban el clasicismo y la perfección física. De esta manera, el arte nazi no solo difundía la ideología del régimen, sino que también reforzaba la percepción de los líderes nazis como figuras míticas y divinas.

Capítulo 7: Ocultismo y Guerra

7.1 Las estrategias esotéricas en la Segunda Guerra Mundial

El Tercer Reich no solo emprendió una guerra convencional, sino que también recurrió a estrategias esotéricas, convencido de que el poder místico y las fuerzas sobrenaturales podían influir en el curso de la guerra. Himmler, en particular, fue un ferviente defensor de la idea de que los rituales y la manipulación de fuerzas ocultas podían inclinar la balanza a favor de Alemania. Las SS celebraban ceremonias paganas y usaban amuletos y talismanes que, en su creencia, otorgaban protección y fuerza a los soldados.

La utilización de símbolos esotéricos y rituales no se limitaba a Himmler y las SS; dentro del ejército alemán había oficiales que creían que la guerra tenía una dimensión cósmica, en la que Alemania representaba las fuerzas de la «luz aria» en una lucha contra las fuerzas de la «oscuridad». Según el investigador Michael Fitzgerald, los nazis llegaron a utilizar símbolos y fórmulas mágicas en la preparación de estrategias militares, convencidos de que estos actos reforzarían sus fuerzas y confundirían al enemigo. Esta mezcla de estrategia y misticismo formaba parte de una visión general en la que el Tercer Reich luchaba no solo por la dominación política, sino por la restauración de un orden supuestamente divino y sagrado.

Entre las prácticas esotéricas destacadas en la guerra, se encontraba la invocación de la figura de Thor, el dios guerrero nórdico, en rituales diseñados para fortalecer el espíritu de combate de los soldados. Estos rituales, promovidos por las SS, se realizaban en momentos críticos para invocar «el espíritu de los antiguos guerreros arios» y asegurar la victoria. Aunque estas prácticas carecían de bases tácticas reales, ofrecían a los soldados un sentido de propósito y unidad, logrando, en cierta medida, el objetivo psicológico de aumentar la cohesión y la moral.

7.2 La Operación Barbarroja y el papel de los astrólogos nazis

La invasión de la Unión Soviética, conocida como Operación Barbarroja, fue una de las campañas militares más ambiciosas de la Segunda Guerra Mundial. Lo que muchos no saben es que esta operación estuvo influenciada por prácticas esotéricas y astrológicas. Heinrich Himmler y otros altos mandos nazis, convencidos de la importancia de los ciclos astrológicos, consultaban regularmente a astrólogos y videntes antes de tomar decisiones críticas en la campaña oriental. Himmler creía que el destino de la raza aria estaba en la «tierra sagrada» del este y que la conquista de la Unión Soviética confirmaría la supremacía racial del pueblo alemán.

Karl Ernst Krafft, un conocido astrólogo, fue empleado por el régimen para hacer predicciones y determinar los momentos «auspiciosos» para las operaciones militares. Krafft, quien tenía acceso a altos cargos del gobierno, predijo ciertos eventos importantes, lo que convenció a algunos líderes nazis de que la astrología podría tener un impacto real en el éxito de la guerra. Antes del lanzamiento de la Operación Barbarroja, Krafft sugirió que el mejor momento para la invasión sería en verano, cuando las «influencias cósmicas» favorecían la victoria alemana. Aunque estas predicciones no tuvieron una base real en la estrategia militar, contribuyeron a la confianza con que Hitler y sus generales lanzaron la invasión.

A medida que la campaña en el este se tornaba cada vez más desastrosa, los nazis continuaron buscando señales astrológicas para revertir la situación. Himmler, que interpretaba la derrota como una «prueba divina» para los arios, intensificó las consultas a Krafft y otros videntes, en un intento desesperado por encontrar respuestas sobrenaturales a los problemas estratégicos. Sin embargo, como observa el historiador Mark Walker, esta dependencia en lo sobrenatural debilitó la capacidad de los nazis para responder racionalmente a los desafíos de la guerra, atrapándolos en una serie de decisiones basadas en ilusiones místicas más que en la realidad militar.

7.3 La influencia de profecías y oráculos en la toma de decisiones

Las profecías y los oráculos tuvieron un peso importante en las decisiones estratégicas de los líderes nazis, especialmente en momentos críticos de la guerra. Los nazis se inspiraron en antiguos textos proféticos y en la obra de Nostradamus, cuyos escritos fueron interpretados como anuncios del triunfo ario. Himmler y Goebbels utilizaron estos textos para reforzar la creencia en la misión sagrada de Alemania y convencieron a sus tropas de que estaban destinados a triunfar sobre sus enemigos.

En particular, la propaganda nazi manipuló las profecías de Nostradamus para presentarlas como predicciones de la victoria alemana. Goebbels financió la distribución de versiones alteradas de las cuartetas de Nostradamus en toda Europa, en un intento de sembrar la idea de que el Tercer Reich estaba destinado a dominar el continente. Además, el régimen empleaba oráculos en rituales dentro de las SS y en las consultas de Himmler, quien recurría a estas prácticas para tomar decisiones importantes. Esta dependencia en la «sabiduría de los ancestros» y las «visiones del futuro» reflejaba el grado de irracionalidad en el que se sumergió el régimen nazi, influenciado más por la superstición que por la estrategia militar.

Los nazis también recurrían a la profecía völkisch, una narrativa profética que sostenía que el pueblo germano estaba destinado a restaurar un orden perdido y a liberar a Europa de la «contaminación racial». Esta visión profética se utilizaba como una herramienta de manipulación para convencer a los alemanes de que la guerra era una «lucha sagrada» y que, aunque el camino fuera difícil, la victoria era inevitable. Sin embargo, estas creencias proféticas terminaron por alimentar un triunfalismo ciego que impidió al Tercer Reich adaptarse a la realidad de la guerra y reconocer sus limitaciones estratégicas.

7.4 La caída del Reich y el colapso de las creencias místicas

A medida que las derrotas se acumulaban y la guerra se volvía insostenible, el Tercer Reich comenzó a experimentar una crisis profunda no solo en el ámbito militar, sino también en el espiritual y místico. Con la caída de Berlín en 1945 y la inminente derrota de Alemania, el colapso del régimen nazi fue también el colapso de las creencias místicas y esotéricas que lo habían sustentado. La maquinaria de propaganda, que había proyectado la imagen de un Reich destinado a perdurar mil años, se desmoronó bajo el peso de la derrota y la desilusión.

Heinrich Himmler, en particular, se vio afectado por este colapso. Hasta el último momento, Himmler continuó celebrando rituales esotéricos en un intento desesperado de invocar una intervención divina, pero el avance imparable de los Aliados dejó en claro que sus creencias no tenían fundamento. El castillo de Wewelsburg, centro espiritual de las SS, fue evacuado y destruido en los últimos días de la guerra, un símbolo del derrumbe final de los sueños místicos de Himmler y su «orden de caballeros arios».

Hitler, quien alguna vez había alentado a sus seguidores a creer en una misión divina, terminó aislado y desencantado en su búnker, consciente de que el sueño del Tercer Reich se había convertido en una pesadilla de destrucción. La fe ciega en una victoria mística dio paso a la desesperación y el colapso. A medida que los soldados alemanes se rendían y las ciudades alemanas quedaban en ruinas, el mito del Reich milenario se desmoronó, y con él, las creencias esotéricas que habían alimentado a sus líderes.

Con la caída del Tercer Reich, las ideas místicas y esotéricas que habían sido esenciales para su identidad fueron desacreditadas y relegadas al ámbito de la pseudociencia y el ocultismo. Aunque algunos seguidores persistieron en sus creencias en el esoterismo nazi, la derrota militar y la ocupación de Alemania disolvieron el poder que estas ideas alguna vez tuvieron. El fin de la guerra marcó también el fin de una era de irracionalidad y fanatismo místico que, bajo la fachada de una misión sagrada, había desatado una de las tragedias más devastadoras de la historia.

Capítulo 8: El Legado del Ocultismo Nazi

8.1 El impacto de las creencias esotéricas nazis en la posguerra

Con la caída del Tercer Reich en 1945, las creencias esotéricas y místicas que habían sustentado parte de la ideología nazi no desaparecieron por completo. Si bien el nazismo como régimen fue desmantelado, muchas de sus ideas ocultistas sobrevivieron, especialmente en Europa y América Latina, en forma de creencias subterráneas y círculos de estudio esotérico. Exoficiales nazis y simpatizantes que escaparon tras la guerra llevaron consigo estas ideas y rituales, que en algunos casos evolucionaron hacia nuevas doctrinas de extrema derecha basadas en mitos raciales y el misticismo germánico.

Durante los años de la Guerra Fría, el interés en estas creencias místicas resurgió entre ciertos grupos, especialmente aquellos que vieron en el nazismo una «herencia espiritual» que la humanidad debía redescubrir. La fascinación por el ocultismo nazi fue explorada por algunos investigadores, quienes buscaban comprender el magnetismo de las creencias místicas en el nazismo y su influencia en los seguidores del Tercer Reich. Como explica el historiador Nicholas Goodrick-Clarke en *The Occult Roots of Nazism*, las ideas esotéricas nazis ayudaron a modelar un sentido de misión que trascendía lo político, dándole al nazismo una dimensión sagrada que persistió en algunos grupos radicales tras la guerra.

En el ámbito académico, el legado esotérico nazi fue objeto de análisis y crítica, buscando desentrañar cómo el uso de lo sobrenatural y lo místico influyó en la brutalidad del régimen. La revisión de este oscuro legado permitía advertir sobre los peligros de las ideologías que combinan elementos de supremacía racial con una narrativa mística, como hizo el nazismo al prometer la restauración de una «edad dorada ario-germánica».

8.2 La fascinación moderna por el misticismo nazi: literatura, cine y conspiración

La cultura popular y la literatura moderna se han fascinado por el misticismo nazi, abordándolo en libros, películas y teorías de conspiración que exploran los elementos esotéricos y ocultistas del régimen. Obras de ficción como *Indiana Jones y los cazadores del arca perdida* y *Hellboy* exploran historias donde los nazis buscan artefactos mágicos, presentando una narrativa en la que el Tercer Reich, en su búsqueda de poder, se adentra en el ocultismo. Estas obras, aunque ficcionales, refuerzan la imagen del nazismo como un movimiento inmerso en lo sobrenatural y continúan fascinando a audiencias globales.

Literatura de no ficción, como la obra de Trevor Ravenscroft *The Spear of Destiny*, profundiza en las conexiones entre Hitler y el ocultismo, atribuyéndole un sentido místico a la figura del Führer y su supuesto interés en reliquias como la lanza de Longino. Aunque algunos de estos textos han sido criticados por su falta de rigor histórico, han contribuido a fortalecer la narrativa del «nazismo esotérico» en el imaginario colectivo.

Las teorías conspirativas contemporáneas también han explotado esta fascinación. La creencia de que los nazis realizaron experimentos esotéricos, estableció bases en la Antártida o buscaron reliquias sagradas persiste en ciertos círculos. Esta narrativa ha generado una especie de mitología contemporánea donde los nazis son percibidos no solo como villanos históricos, sino como figuras conectadas con poderes sobrenaturales. Este fenómeno refleja tanto la pervivencia de la fascinación por el misticismo nazi como el atractivo de imaginar una conexión entre la historia y lo sobrenatural.

8.3 Las secuelas ideológicas: sectas y movimientos esotéricos inspirados en el nazismo

El legado esotérico nazi ha encontrado eco en algunos grupos y sectas contemporáneos que han adoptado y adaptado las creencias místicas del Tercer Reich para sus propios fines. Sectas y movimientos de extrema derecha han recuperado los símbolos, los rituales y la narrativa ario-germánica, reinterpretándolos para crear una identidad de grupo en torno a un pasado idealizado y a una misión supuestamente sagrada. Estos grupos, que incluyen desde organizaciones neonazis hasta cultos esotéricos, ven en la ideología nazi una "espiritualidad arcaica" que les permite justificar su visión del mundo y su oposición a la modernidad.

El investigador Nicholas Goodrick-Clarke, en su análisis de la influencia nazi en movimientos esotéricos, sostiene que algunos grupos han llegado a ver a Hitler como una figura casi divina o como un avatar de una "edad de oro ariana". En América Latina, Estados Unidos y Europa, han surgido sectas que practican rituales inspirados en los de las SS o las ceremonias de Wewelsburg, adoptando creencias de pureza racial y una visión mística del mundo. Aunque estos movimientos son marginales, su existencia demuestra cómo la ideología esotérica nazi ha sobrevivido en los márgenes de la sociedad, encontrando eco en algunos que buscan conectar su identidad con un pasado mítico y racial.

Estos movimientos, aunque pequeños y en su mayoría clandestinos, representan una amenaza social, ya que promueven una visión del mundo basada en la exclusión racial y la supremacía. La adopción de ideas nazis en la espiritualidad y el misticismo contemporáneo no solo perpetúa la ideología de odio del Tercer Reich, sino que contribuye a la persistencia de la intolerancia y el extremismo en la actualidad.

8.4 El esoterismo nazi y su influencia en la cultura popular contemporánea

La fascinación por el esoterismo nazi ha dejado una huella indeleble en la cultura popular contemporánea. Desde la literatura hasta el cine y los videojuegos, el nazismo esotérico se ha convertido en un tema recurrente, con una narrativa que mezcla lo histórico con lo sobrenatural. Este legado cultural ha creado una imagen del nazismo como un movimiento oscuro y místico, con líderes que buscaban poderes sobrenaturales, lo que ha atraído la curiosidad de audiencias globales.

En la industria del cine, el esoterismo nazi ha sido explorado en películas como *Indiana Jones y la última cruzada* y *Capitán América: El primer vengador*, donde los nazis buscan el Santo Grial y el poder de artefactos sobrenaturales. Este uso de elementos esotéricos y arquetípicos contribuye a reforzar la imagen del nazismo como un movimiento no solo político, sino también conectado con fuerzas más allá de lo humano. Asimismo, los videojuegos como *Wolfenstein* y *Call of Duty* han explotado esta narrativa, convirtiendo a los nazis esotéricos en los antagonistas de historias ficticias donde la búsqueda del poder místico lleva a enfrentamientos sobrenaturales.

La literatura contemporánea también ha explorado este tema. Novelas como *El Código Da Vinci* de Dan Brown y *Fatherland* de Robert Harris, aunque no tratan directamente el nazismo esotérico, aluden a la fascinación por conspiraciones y símbolos ocultos, en una tradición que ha popularizado el esoterismo nazi y su dimensión oculta. En el ámbito académico, autores como Eric Kurlander y Mark Walker han explorado la mezcla de ciencia y misticismo en el Tercer Reich, creando un corpus de estudios que, aunque críticos, han contribuido a la percepción de que el nazismo era más que una ideología política: era un movimiento con ambiciones místicas.

En la cultura popular, el esoterismo nazi se ha convertido en una especie de «mito moderno», que permite explorar la naturaleza del mal y la fascinación humana por lo prohibido y lo sobrenatural. Esta mitificación, sin embargo, ha traído consigo ciertos peligros: al romantizar o exagerar el esoterismo nazi, se corre el riesgo de trivializar la violencia y el odio que caracterizaron al régimen. Por ello, es importante que la cultura popular y los estudios académicos mantengan una postura crítica al explorar este legado, recordando el sufrimiento que las creencias esotéricas del nazismo contribuyeron a infligir en la realidad histórica.

EPÍLOGO

El vínculo entre el poder y el misticismo que caracterizó al Tercer Reich representa uno de los ejemplos más inquietantes de cómo la superstición y el esoterismo pueden fusionarse con la política para construir una narrativa de dominación. En el régimen nazi, el misticismo no solo fue un complemento de la ideología, sino que constituyó un elemento central en la construcción del liderazgo y en la justificación de políticas opresivas y genocidas. Adolf Hitler y sus colaboradores utilizaron símbolos, mitos y rituales esotéricos para transformar su mensaje político en una especie de misión divina, convenciendo a millones de personas de que el Tercer Reich tenía un propósito trascendental.

Esta fusión entre misticismo y poder permitió a los nazis manipular las emociones y el sentido de identidad de sus seguidores. La promesa de una era dorada ario-germánica, respaldada por símbolos como la esvástica, las runas y las figuras heroicas del pasado germano, proporcionó una narrativa atractiva y poderosa que convirtió el odio en un deber y la guerra en una cruzada sagrada. El Tercer Reich se presentó como el resurgimiento de un linaje mítico, y este relato permitió al régimen distorsionar la realidad y justificar la persecución, la opresión y el exterminio de aquellos a quienes consideraban "impuros".

Este vínculo entre poder y misticismo no fue exclusivo del nazismo, y su estudio revela patrones que pueden repetirse cuando la política y el esoterismo se entrelazan. A través de esta historia, podemos ver cómo las creencias en lo sobrenatural y en una misión divina pueden transformarse en un arma de manipulación, llevándonos a reflexionar sobre el papel de la racionalidad y el escepticismo como defensas contra el abuso del poder.

¿Qué nos enseña la historia sobre el peligro del esoterismo en la política?

La historia del Tercer Reich y su relación con el esoterismo nos deja una lección poderosa sobre los peligros de mezclar ideología política con creencias místicas. Cuando la política se reviste de un propósito divino o de una misión trascendental, pierde su carácter humano y se convierte en una causa inquebrantable, capaz de justificar cualquier atrocidad. En el caso del nazismo, el esoterismo no solo sirvió como herramienta de propaganda, sino que fue un pilar fundamental en la construcción de una cosmovisión que legitimaba la opresión y la eliminación de "enemigos" en nombre de la pureza y la superioridad racial.

Este peligro es evidente no solo en la Alemania nazi, sino también en contextos donde los líderes han usado elementos místicos o religiosos para consolidar el poder y deshumanizar a sus oponentes. La historia del esoterismo nazi nos advierte sobre la tentación de crear enemigos a partir de diferencias étnicas, culturales o religiosas, y de convertir estos prejuicios en "verdades" respaldadas por creencias esotéricas o pseudocientíficas. La promesa de una "misión sagrada" o de una "era dorada" puede seducir a sociedades enteras y llevarlas a cometer actos de violencia y destrucción sin cuestionarse las consecuencias.

El estudio del esoterismo en el nazismo nos enseña, además, la importancia de la educación y el pensamiento crítico como antídotos contra la manipulación. Al comprender cómo la pseudociencia, las creencias esotéricas y los símbolos místicos fueron utilizados por los nazis, se fortalece nuestra capacidad de reconocer estas mismas tácticas cuando surgen en la política moderna. La historia nos recuerda la importancia de cuestionar y analizar las narrativas que nos rodean, y de resistir la tentación de abandonar la razón en favor de ideas seductoras pero irracionales.

En última instancia, el esoterismo nazi es un recordatorio del oscuro poder de la superstición cuando se combina con la ambición política. A través de sus símbolos y rituales, los nazis lograron encender una llama de fervor que, bajo la apariencia de un ideal trascendental, condujo al horror y a la tragedia. Esta historia nos advierte sobre el peligro de la irracionalidad y nos invita a valorar la ciencia, el conocimiento y el escepticismo como barreras esenciales contra el abuso de poder.

APÉNDICES

Glosario de términos esotéricos y nazis

AHNENERBE: Organización creada por Heinrich Himmler dentro de las SS, dedicada a la investigación y "prueba" de la herencia racial germánica. Conocida por sus expediciones a lugares remotos en busca de pruebas arqueológicas y antropológicas que respaldaran la ideología nazi.

ARIOSOFÍA: Doctrina esotérica que mezcla el ocultismo con el racismo y la idea de una raza aria superior. Fue promovida por figuras como Guido von List y Jörg Lanz von Liebenfels y contribuyó a formar la base ideológica del nacionalsocialismo.

ASGARD: En la mitología nórdica, el reino de los dioses y hogar de figuras como Odín y Thor. En el ideario nazi, representaba un símbolo de pureza y poder, inspirando la búsqueda de un pasado mítico ario.

BARBARROJA (OPERACIÓN BARBARROJA): Nombre en clave para la invasión de la Unión Soviética por el Tercer Reich en 1941, que contó con el respaldo de prácticas esotéricas y creencias astrológicas entre algunos de sus líderes.

Dietrich Eckart: Uno de los mentores de Adolf Hitler y miembro destacado de la Sociedad Thule, que influyó en la construcción de Hitler como una figura mesiánica para la ideología nazi.

Grial (Santo Grial): Objeto mítico en la tradición cristiana que los nazis reinterpretaron como un símbolo de pureza racial y supremacía espiritual. Heinrich Himmler estaba obsesionado con su búsqueda, creyendo que confería poder divino.

Lanzo de Longino: Supuesta reliquia cristiana que, según la leyenda, otorga el poder de conquistar el mundo a quien la posea. Se dice que Hitler estuvo fascinado con esta reliquia, creyendo en su potencial para asegurar la victoria de Alemania.

Runas: Antiguo sistema de escritura germánica que los nazis adoptaron como símbolos de poder místico. La runa «Sig» fue usada como emblema de las SS, simbolizando la victoria y la pureza racial.

SS (Schutzstaffel): Organización paramilitar bajo el mando de Himmler que actuaba como una orden mística y élite racial, encargada de ejecutar las políticas de "pureza racial" del régimen.

SOCIEDAD THULE: Sociedad secreta y esotérica en Múnich que promovía la supremacía racial y el nacionalismo germánico. Jugó un rol crucial en la fundación del partido nazi y en la formación de sus primeras ideas místicas y racistas.

SOL NEGRO (SCHWARZE SONNE): Símbolo esotérico asociado con la supremacía aria, especialmente promovido dentro de las SS. Representaba la energía cósmica y la "pureza" de la raza germánica.

SUPERHOMBRE (ÜBERMENSCH): Concepto inspirado en la obra de Nietzsche que los nazis reinterpretaron como el ideal de perfección racial y espiritual de la raza aria, encarnado en la figura del soldado alemán.

VALHALLA: En la mitología nórdica, el salón de los héroes caídos. Utilizado en la ideología nazi para glorificar la muerte en combate y elevar a los soldados alemanes como héroes en una guerra sagrada.

Cronología de eventos clave en el ocultismo nazi

- 1918: Fundación de la Sociedad Thule en Múnich. Esta organización esotérica mezcla el ocultismo y el nacionalismo racial, y tiene un papel clave en la creación del partido nazi.

- 1920s: Rudolf Steiner y Guido von List promueven la antroposofía y la ariosofía, dos doctrinas que combinan el esoterismo con el racismo y que influirán en el pensamiento nazi.

- 1923: Dietrich Eckart, miembro de la Sociedad Thule y mentor de Hitler, fallece. Su influencia sobre Hitler es clave en la construcción de su figura como «salvador ario».

- 1933: Hitler asciende al poder en Alemania, y comienza a consolidarse la influencia de las creencias esotéricas en el gobierno nazi.

- 1935: Himmler funda la Ahnenerbe, con el objetivo de investigar y demostrar la superioridad racial aria mediante expediciones y estudios pseudocientíficos.

- 1938: La expedición nazi al Tíbet, dirigida por Ernst Schäfer, busca pruebas de una raza aria original y refuerza las creencias de la Ahnenerbe sobre la supremacía ario-germánica.

- 1940: Goebbels utiliza las profecías de Nostradamus en la propaganda para anunciar la inevitable victoria nazi. Las teorías esotéricas y las profecías se incorporan cada vez más en la narrativa de la propaganda.

- 1941: Se lanza la Operación Barbarroja contra la Unión Soviética. Himmler y otros líderes nazis consultan a astrólogos y buscan signos esotéricos para guiar las decisiones militares.

- 1943: La Ahnenerbe intensifica sus investigaciones esotéricas en un intento desesperado por encontrar «armas secretas» y respuestas místicas que ayuden a cambiar el rumbo de la guerra.

- 1945: El castillo de Wewelsburg, sede espiritual de las SS y centro de rituales esotéricos, es evacuado y destruido a medida que Alemania enfrenta la derrota final.

- 1945: La caída del Tercer Reich y el suicidio de Hitler ponen fin al régimen nazi. Las ideas esotéricas del nazismo comienzan a persistir en grupos subterráneos y son exploradas en la literatura y cultura popular.

- 1970s: Surgen teorías de conspiración sobre bases secretas nazis en la Antártida y otros lugares remotos, alimentando la fascinación por el esoterismo nazi en la cultura popular.

- 1990s-Actualidad: La figura del "nazismo esotérico" se vuelve un tema recurrente en la literatura, cine y teorías de conspiración, consolidando su lugar en la cultura popular global.

BIBLIOGRAFÍA Y FUENTES HISTÓRICAS Y ESOTÉRICAS PARA ESTUDIOS ADICIONALES

BLAVATSKY, H. P. *La doctrina secreta: Síntesis de la ciencia, la religión y la filosofía.* Madrid: Ediciones Mirach, 1888.

NIETZSCHE, FRIEDRICH *Así habló Zaratustra: Un libro para todos y para nadie.* Leipzig: C. G. Naumann, 1892.

JUNG, CARL G. *Arquetipos e inconsciente colectivo.* Princeton, NJ: Princeton University Press, 1934.

ROSENBERG, ALFRED *El mito del siglo XX.* Munich: Zentralverlag der NSDAP, 1934.

RAVENSCROFT, TREVOR *The Spear of Destiny: The Occult Power Behind the Spear which Pierced the Side of Christ.* New York: Putnam, 1973.

GOODRICK-CLARKE, NICHOLAS *The Occult Roots of Nazism: Secret Aryan Cults and Their Influence on Nazi Ideology.* Wellingborough: The Aquarian Press, 1985.

LEVENDA, PETER *Unholy Alliance: A History of Nazi Involvement with the Occult.* New York: Avon Books, 1995.

PRINGLE, HEATHER *The Master Plan: Himmler's Scholars and the Holocaust.* London: Harper Perennial, 2006.

KURLANDER, ERIC *Hitler's Monsters: A Supernatural History of the Third Reich.* New Haven, CT: Yale University Press, 2017.

REES, LAURENCE *The Dark Charisma of Adolf Hitler: Leading Millions into the Abyss.* London: Ebury Press, 2012.

WALKER, MARK *Nazi Science: Myth, Truth, and the German Atomic Bomb.* New York: Plenum Press, 1995.

FITZGERALD, MICHAEL *The Nazi Occult War: Hitler's Compact with the Forces of Evil.* London: Robert Hale, 2013.

HAKL, HANS THOMAS *Unknown Sources: National Socialism and the Occult.* Montpelier, VA: Arktos Media, 2011.

GOODRICK-CLARKE, NICHOLAS *Black Sun: Aryan Cults, Esoteric Nazism, and the Politics of Identity.* New York: New York University Press, 2002.

ROSE, DETLEV *The Occult in National Socialism: The Symbolic, Scientific, and Magical Influences on the Third Reich.* Dresden: German Historical Institute, 2007.

HALE, CHRISTOPHER *Himmler's Crusade: The Nazi Expedition to Find the Origins of the Aryan Race.* Hoboken, NJ: John Wiley & Sons, 2003.

GRACIAS POR COMPRAR
ESTE LIBRO.
DESCUBRE MÁS EN
NUESTRA WEB: